BEI GRIN MACHT SICH IHR
WISSEN BEZAHLT

- Wir veröffentlichen Ihre Hausarbeit,
  Bachelor- und Masterarbeit

- Ihr eigenes eBook und Buch -
  weltweit in allen wichtigen Shops

- Verdienen Sie an jedem Verkauf

Jetzt bei www.GRIN.com hochladen
und kostenlos publizieren

Bibliografische Information der Deutschen Nationalbibliothek:

Die Deutsche Bibliothek verzeichnet diese Publikation in der Deutschen National-
bibliografie; detaillierte bibliografische Daten sind im Internet über http://dnb.d-
nb.de/ abrufbar.

Impressum:

Copyright © 2019 GRIN Verlag
Druck und Bindung: Books on Demand GmbH, Norderstedt Germany
ISBN: 9783668938007

Thiemo Schubert

Sport mit Herzerkrankungen. Welche Möglichkeiten gibt es?

GRIN Verlag

GRIN - Your knowledge has value

Der GRIN Verlag publiziert seit 1998 wissenschaftliche Arbeiten von Studenten, Hochschullehrern und anderen Akademikern als eBook und gedrucktes Buch. Die Verlagswebsite www.grin.com ist die ideale Plattform zur Veröffentlichung von Hausarbeiten, Abschlussarbeiten, wissenschaftlichen Aufsätzen, Dissertationen und Fachbüchern.

Besuchen Sie uns im Internet:

http://www.grin.com/

http://www.facebook.com/grincom

http://www.twitter.com/grin_com

Inhaltsverzeichnis

1. Einleitung

Um keinen Sport treiben zu müssen benutzt der Volksmund gerne die Ausrede „Sport ist Mord". Diese Ausrede trifft jedoch circa nur bei 6 von 100.000 Männern mittleren Alters zu. Winston Churchill erwiderte auf die Frage, warum er als Zigarrenraucher sowie leidenschaftlicher Alkoholtrinker so alt geworden ist, mit „No Sports", wodurch dieses Zitat seine Runden zog (Quelle: www.gesundheit.de, k.A., 25.04.2012). Durch ein ausgewogenes Verhältnis zum Sport treiben geschieht jedoch genau das Gegenteil. Sport stellt sich so als Lebensretter, statt als eine neue Art des Suizids dar. Auch den Sportgegnern ist bekannt, dass Sport dafür sorgt, das Herz-Kreislauf-System in Schwung zu halten. Durch Sport treiben verringern sich die durch Herzkreislauf bedingten Todesfälle von 70 auf 40 pro 10.000 Personenjahre. Dies bedeutet, dass von 10.000 Menschen pro Jahr 30 durch Sport treiben gerettet werden. Durch dieses Training wird der Blutdruck gesenkt, das Herz trainiert und die Sauerstoff- sowie Blutversorgung im Körper verbessert. Diese Faktoren führen direkt zu einem geringeren Risiko für Herzinfarkte und Schlaganfälle. Auch im höheren Alter (70+) ist Sport treiben durchaus sinnvoll. Es können sich so motorische Fähigkeiten trainieren lassen und auch die Durchblutung und die Atmung werden verbessert, was die Lebensfreude auf eine natürliche Art und Weise verbessert. Jedoch gibt es in unserer Gesellschaft Menschen, welche einer Herzerkrankung (ob mit oder ohne Sport) nicht entrinnen konnten. Es stellt sich nun die Frage, ob es Menschen mit einer Herzerkrankung möglich ist, weiterhin Sport zu treiben. Im weiteren Verlauf dieser Arbeit werde ich zunächst auf drei Herzerkrankungen ein gehen. Ich habe mich hierfür auf die Herzinsuffizienz (Herzschwäche), den Herzinfarkt und die Koronare – Herz – Krankheit (KHK) bezogen. Als nächstes werde ich auf drei Sportarten eingehen und die Empfehlungen von Experten hierzu erläutern. Im Anschluss stelle ich ein von mir geführtes Interview zu der benannten Thematik vor, welches ich mit 2 unabhängigen Kardiologen geführt habe. Hierzu werde ich die Aussagen vergleichen und analysieren. Es stellt sich ebenfalls die Frage, wie sich Menschen mit einer Herzerkrankung im Alltag fühlen und wie sie ihr körperliches Wohlbefinden beschreiben würden. Hiernach werde ich die oben genannte Fragestellung ausführlich diskutieren und anschließend ein geeignetes Fazit hierzu formulieren. Mit dieser Arbeit verfolge ich das Ziel, Menschen mit einer Herzkrankheit dazu zu bringen Sport zu treiben. Ein weiteres Ziel dieser Arbeit bezieht sich jedoch auch auf Menschen ohne eine Herzkrankheit. Ich möchte durch verschiedene Beispiele, Meinungen und Umfrageergebnissen verdeutlichen, wie wichtig Sport für unsere Gesundheit ist, da dies oft unterschätzt wird.

2. Herzkrankheiten
a. Herzinsuffizienz

Rund 1,8 Millionen Menschen leiden in Deutschland an einer Herzinsuffizienz, der im Volksmund genannten Herzschwäche. Diese äußert sich durch eine mangelnde Pumpfunktion des Herzes, was zu einem Vorwärts- oder Rückwärtsversagen führt. Das Rückwärtsversagen beschreibt einen Rückstau des Blutes, welches aus dem Lungen- oder Körperkreislauf kommt. So steigt der Druck in den Blutgefäßen, wodurch vermehrt Flüssigkeit in das umliegende Gewebe abgegeben wird. Dies kann zu Ödemen in der Lunge oder in den Beinen führen. Von einem Vorwärtsversagen wird gesprochen, wenn die Pumpleistung des Herzens nicht ausreicht um den Körper (z.B. Muskeln / Organe) mit sauerstoffreichem Blut zu versorgen. Folgen hiervon können z.B. Atemnot bei geringer Belastung oder teils in Ruhe sein, sowie ein Schwächegefühl. Die Herzinsuffizienz wird hier nicht nur in Vorwärts- und Rückwärtsversagen unterschieden, sondern auch in ihrer Form. Hier gibt es die Rechtsherzinsuffizienz, welche sich dadurch auszeichnet, dass die Pumpfunktion des rechten Ventrikels nicht ausreicht, um das sauerstoffarme Blut zur Lunge zu befördern. Eine Linksherzinsuffizienz beschreibt die mangelnde Pumpfunktion des linken Ventrikels das sauerstoffreiche Blut in den Körperkreislauf zu bringen. Treten beide Herzinsuffizienzformen gemeinsam auf, spricht man von einer „Globalen Herzinsuffizienz". Ebenfalls gibt es eine systolische und eine diastolische Herzinsuffizienz. Bei der systolischen Herzinsuffizienz ist die Auswurfleistung des linken Ventrikels vermindert, wodurch weniger Blut in den Körperkreislauf gebracht wird. Eine gestörte Dehnbarkeit beschreibt die so genannte „diastolische Herzinsuffizienz". Hier ist das linke Ventrikel meist krankhaft vergrößert und so muss es gegen einen erhöhten Widerstand gefüllt werden, bevor das Blut in den Körperkreislauf ausgeworfen wird. Zudem unterscheidet sich eine Herzinsuffizienz darin, ob sie akut (binnen Minuten bis Stunden / mehrere Tage) auftritt oder chronisch (seit Wochen/ Monaten oder Jahren) vorliegt. Eine Herzinsuffizienz wird nach den NYHA (New York Heart Association) Stadien I – IV eingestuft. Diese beschreiben sowohl beschwerdefreie Herzinsuffizienzen (NYHA I) aber auch Herzinsuffizienzen mit Beschwerden in allen körperlichen Aktivitäten (NYHA IV). (Quelle: www.herzstiftung.de, Prof. Dr. med. Hans-Jürgen Becker, k.D.)

b. Herzinfarkt

Bei einem Herzinfarkt (oder: Myokardinfarkt) besteht in der Regel ein akuter Verschluss der Herzkranzgefäße (Koronararterien). Wird der Blutfluss des Herzkranzgefäßes nicht schnell genug wiederhergestellt, sterben nach 2 – 4 Stunden die betroffenen Herzzellen ab. Diese Situation erweist sich als besonders gefährlich, da es die Funktion des Herzens herabsetzt. Dadurch gilt ein Herzinfarkt immer als lebensgefährlich. Mit 47% der Todesfälle sind laut „www.apotheken-umschau.de", Herz-Kreislauf-Erkrankungen an der Spitze der Liste an Todesursachen in Deutschland (stand 2016). Ein Herzinfarkt wird meist durch eine Koronare-Herz-Krankheit ausgelöst, auf welche ich unter Punkt 2.c später noch zu sprechen komme. Kommt es zum Absterben einzelner oder mehrerer Herzzellen und somit von kleineren Arealen, bilden diese sich langsam zu Narbengewebe um. Sind größere Bereiche betroffen und zu Narbengewebe verändert worden, birgt dies eine große Gefahr. Narbengewebe hat keine Funktion und kann somit der Tätigkeit des Herzens nicht folge leisten, wodurch es seine Funktion einschränkt. Es kann somit aus einem Herzinfarkt eine Herzinsuffizienz entstehen. Die häufigste Ursache für einen Herzinfarkt ist eine eingerissene arteriosklerotische Plaque, welche durch den Wundverschluss an der betroffenen Arterie zu einem Gefäßverschluss führen (Blutgerinnsel). Zu den Symptomen werden starke, länger als 5 Minuten anhaltende, plötzlich auftretende Schmerzen in der linken Brust und / oder hinter dem Brustbein gezählt. Zudem ist es möglich, dass diese Schmerzen in den Hals, Arm, Oberbauch oder Rücken ausstrahlen. Zudem treten die Typischen Schock-Symptome in Form von, KKK-Schweiß (Kalt-Klebrig-Klumpig), Blässe,

4

beschleunigte Atmung auf Grund von Atemnot und Brustenge (Angina Pectoris), Angst und Unruhe auf. Ebenfalls kann es sein, dass dem Betroffenen übel wird. (Quelle: www.apotheken-umschau.de, Professor Dr. med. Wolfram Delius, 13.01.2016)

c. Koronare-Herz-Krankheit

Die Koronare – Herz – Krankheit, oder kurz KHK, ist die weltweit meist verbreitete Herzkrankheit (Deutschland ca. 6 Millionen betroffen). Das Herz muss nicht nur wichtige Organe wie zum Beispiel Gehirn, Leber oder Niere mit Blut versorgen, sondern auch sich selbst. Wie man im ersten Moment denken könnte, versorgt sich das Herz nicht über seine Ventrikel selbst, sondern über so genannte Koronararterien (Herzkranzgefäße). Diese Gefäße entspringen der Aorta und umringen das Herz, ähnlich wie Äste an einem Baum. Sollte der Fall auftreten, dass ein Ast (oder mehrere) der Koronararterien nicht mehr in der Lage ist seinen Bereich des Herzmuskels (Myokard) ausreichend mit Sauerstoff und Nährstoffen zu versorgen, spricht man von einer Koronaren – Herz – Krankheit. Hierfür ist meist eine Arteriosklerose (Gefäßverkalkung) verantwortlich. Daraus entsteht zwangsläufig eine Engstelle (Stenose) an der betroffenen Stelle, da diese zu stellenweiser Verdickung der Gefäßwand führt. Somit nimmt der Blutfluss in dem betroffenen Gefäß (stark) ab. Eine KHK kann sowohl mit Symptomen als auch symptomfrei verlaufen. In der Regel treten die ersten Symptome erst auf, wenn eine Gefäßstenose soweit fortgeschritten ist, dass ein Teil des Herzens unter deutlichem Sauerstoffmangel leidet. Hier kommt es dann zu einer Azidose des Myokards (Übersäuerung / Abfall des pH-Wertes). Diese Azidose erzeugt Schmerzen im Brustbereich und wird als Angina pectoris (lat. Brustenge) bezeichnet. Dieser Schmerz kann auf Grund von komplexen Nervenverbindungen auf andere Körperareale ausstrahlen wie zum Beispiel Schulter, Unterkiefer, zwischen den Schulterblättern oder dem Oberbauch. Meist tritt die Angina pectoris jedoch nur bei körperlicher Belastung auf, da die Stenose noch zu klein ist, um auch Symptome in Ruhe hervorzurufen und so der Blutfluss bei Ruhe ausreicht, was bei Belastung nicht der Fall ist. Eine Koronare – Herz –

Krankheit ist oft ein „Vorbote" auf weitere Herzkrankheiten. Vor allem entstehen durch eine KHK Herzrhythmusstörungen und die zwei oben Beschriebenen Krankheitsbilder Herzinsuffizienz und Herzinfarkt. (Quelle: www.herzstiftung.de, Professor Dr. med. Christian Hamm, k.D.)

3. Vorstellung verschiedener Sportarten und Empfehlungen für die oben genannten Herzkrankheiten
   a. Schwimmen

Menschen mit einer Herzinsuffizienz sollten ein aktives Leben führen. Sport ist in diesem Fall besonders empfehlenswert. Im Rahmen des NYHA Stadium IV ist es den Betroffenen jedoch oft nicht möglich Sport zu treiben, da sie bereits in Ruhe mit Atemnot und Schwindel zu kämpfen haben. Schwimmen empfiehlt sich im Bereich der Herzinsuffizienz sehr, weil es sowohl die Kondition als auch Muskeln im ganzen Körper trainiert. Jedoch sollte das Schwimmen auf Hobbybasis ausgeübt werden, denn ein regelrechtes „aus der Puste geraten" ist nicht ratsam im Zusammenhang mit Herzinsuffizienz. Ebenfalls empfiehlt sich Schwimmen nach einem Herzinfarkt. Jedoch sollte auch hier darauf geachtet werden, dass es ein Hobbysport bleibt. Zudem rät man, nur in bewachten Gewässern wie Schwimmbäder schwimmen zu gehen. Von dem Schwimmen in unbekannten, unbewachten und kalten Gewässern wird dringend abgeraten, da kaltes Wasser den Sympathikotonus (Erregungsstatus des sympathischen Nervensystems) binnen Sekunden erhöht (Quelle: www.herzbewusst.de, Dr. med. Susanne Berrisch-Rahmel, 07.04.2016). Erhöhter Puls sowie Blutdruck sind die Folge. Ebenfalls kommt es zu einer Vasokonstriktion, was eine mehr Belastung des Herzens bedeutet. Kommt es nun zu einem weiteren Infarkt, ist schnelle Hilfe meist auszuschließen. Ratsam ist es, vor dem eigentliche Schwimmen erst ein paar Wochen eine Wassergymnastik zu besuchen, um den Körper wieder an diese Belastung zu gewöhnen. Auch bei dem Krankheitsbild der Koronaren – Herz – Krankheit wird klar, dass schwimmen gehen sehr geeignet ist. Schwimmen gilt als ein Sport ohne Überlastungspotential, wodurch sowohl Puls als auch Blutdruck nicht übermäßig in die Höhe steigen (Quelle:

www.herzstiftung.de, Dr. med. Frank Sonntag, k.D.). Es ist darauf zu achten, dass kein Schlussspurt durchgeführt. Damit ist gemeint, dass man auf den letzten Bahnen im Schwimmbad nicht noch mal alles aus sich rauszuholen versucht, sondern diese eher locker ausschwimmt. Ein Schlussspurt führt zu einem raschen Anstieg von Puls und Blutdruck, wodurch das Herz schnell überlastet wird. Ein lockeres ausschwimmen, schont das Herz enorm und es unterstützt zudem die Muskelregeneration.

b. Fußball

Fußball gilt als Ausdauersport. Dieser ist für alle drei benannten Sportarten nicht zu empfehlen. Die Deutsche Herzstiftung (Quelle: www.herzstiftung.de, Dr. med. Frank Sonntag, k..D.) beschreibt: „Bei Ballsportarten erwacht schnell der Ehrgeiz, den Ball unbedingt noch erreichen zu wollen, wofür oft ein hoher Krafteinsatz erforderlich ist und als Folge Überlastungen des Herzmuskels auftreten können". Eine Überlastung des Herzens birgt die Gefahr, dass ein erneuter kardiologischer Zwischenfall entsteht. Jedoch gibt es auch durchaus Beispiel, bei denen Menschen mit einer Herzinsuffizienz Sport bzw. (hier) Fußball spielen. Daniel Engelbrecht (beim Vorfall 24 Jahre alt) ist Stürmer bei den Stuttgarter Kickers. Am 20. Juli 2013 erklärte er vor dem Spiel gegen Rot – Weiß Erfurt, dass er sich „super" fühle (Quelle: „Das Thema", Christine Jeske, 16. April 2015). In der 70. Minuten brach er zusammen, erste Diagnose „Herzstillstand". Sofort musste er reanimiert werden und wurde unmittelbar in die Universitätsklink Würzburg transportiert. Da es an dem besagten Tag sehr heiß war, ging man zunächst von einem Hitzschlag aus. Es wurde ein Langzeit – EKG durchgeführt, welches jedoch keine Auffälligkeiten zeigte. Erst nach einer Kernspinnuntersuchung, so Professor Stefan Störk vom Deutschen Zentrum für Herzinsuffizienz am Uniklinikum Würzburg, zeigt sich, dass eine Herzmuskelentzündung den durchtrainierten Körper des Fußballprofis lahmlegte. Diese führte zu bleibenden Schäden, wodurch die Ärzte ihm zu einem anderen Job rieten. Vor ein paar Jahren galt es noch, bei einer Herzinsuffizienz den Körper gut zu schonen. Engelbrecht hat sich jedoch trotz allen Empfehlungen nicht von seinem Ziel abbringen lassen weiter im Profifußball zu agieren. Er spielt heute wieder Fußball, aber das nicht einfach so sondern mit einem implantierten Defibrillator. Engelbrechts Motto lautet: „Nichts ist unmöglich". Ende 2014 trug er diesen Schriftzug auf einem T-Shirt unter seinem Trikot. Als er dann noch das Siegtor in der 92. Minute gegen Wehen Wiesbaden (2:1) schoss und am Ende des Spiels den Zuschauern dieses T-Shirt präsentierte, war die Begeisterung kaum zu stoppen. Daniel Engelbrecht ist der erste Fußballprofi, welcher mit einem implantierten Defibrillator spielt und zeigt so allen anderen Betroffenen, dass eine Herzinsuffizienz eventuell ein Hindernis im Leben ist, aber dieses keineswegs unüberwindbar ist. Es ist somit möglich, mit einer Herzinsuffizienz Fußball zu spielen. Jedoch ist es sehr selten, dass Menschen mit einer Herzinsuffizienz Fußball spielen können, weil es für das Herz eine starke Belastung ist. Wie oben bereits beschrieben, ist ein solcher Leistungssport mit einer Herzkrankheit nicht zu empfehlen. Eine Herzüberbelastung birgt immer schwerwiegende Gefahren, welche nicht außer Acht gelassen werden sollte.

c. Nordic – Walking

Ausdauersportarten sind wie oben bereits beschrieben, sehr gut für das Herz. Unter den Ausdauersportarten zählt nicht nur das Schwimmen, sondern auch das Nordic – Walking. Für Menschen, welche es nicht mögen in das kühle Nass zu springen, ist dies eine geeignete Alternative. Der Unterschied zum sogenannten „Walking" oder auch „schnelles Gehen" besteht darin, dass beim Nordic – Walking auch die Arme intensiv zum Einsatz kommen. Im Bereich des Nordic – Walking werden Stöcker verwendet, welche auf die Körpergröße abgestimmt werden, die man beim Gehen mit kräftigem Armeinsatz mitzieht. Diese Stöcker sind jedoch sehr leicht, wodurch die Intensität lediglich durch die Bewegung statt durch das Heben erfolgt. Wie bereits oben erwähnt, wird bei dem Nordic – Walking, schnell gelaufen. Es ist langsamer als Joggen, jedoch schneller als spazieren gehen. Je nach schwere der Erkrankung und Zustand des Betroffenen, kann durch die Geschwindigkeit die Intensität gesteigert oder verringert werden. Durch Nordic – Walking trainiert der Betroffene, sowie beim Schwimmen, nicht nur die Armmuskeln und Beinmuskeln, sondern auch den Herzmuskel. Reinhard Waldmann (Sportmediziner) berichtet: „Nordic Walking wirkt wie ein

Blutdruckmedikament, solange der gesundheitsfördernde Rahmen eingehalten wird." (Quelle: www.wissen-gesundheit.de, Autor: Johannes Pernsteiner, 21.05.2012) Zudem betont er, dass man mit Stöcken (im Verhältnis zum normalem Walking) langsamer Gehen kann und trotzdem den selben Effekt erzielt, da man die Arme mehr einsetzt. Ein weiterer Vorteil, so Waldmann, ist, dass die Gelenke geschont werden und das es beim Laufen ohne Stöcke passieren kann, dass die Hände anschwellen und die Spannung im Nacken steigt. Sollte ein Betroffener mit einer Sportart neu anfangen, und dabei ist es egal ob Schwimmen, Joggen, Fußball, Nordic – Walking und so weiter, ist es wichtig, dass der Betroffene sich zuerst von einem Arzt untersuchen lässt. Dieser wird dann mit dem Patienten einen „Trainigsplan" erstellen, in dem steht wann, wie oft und mit welcher Intensität der Betroffene diesen Sport ausüben sollte, beziehungsweise kann. Denn auch im Rahmen des Sports gilt der altbekannte Spruch, „die Dosis macht das Gift". Trainiert ein Patient zu viel oder zu intensiv, führt dies nicht zu einer Besserung seines Herzleidens, sondern zu einer Verschlechterung.

4. Interview mit zwei Kardiologen

Während der Vorbereitung auf die hier niedergeschriebene Arbeit habe ich die Möglichkeit genutzt, mit zwei Kardiologen (Herr N. und Frau N.) zu sprechen und diese zu von mir gewählten Fragen (7) zu interviewen. Im Verlauf dieses Punktes werde ich auf jede Frage einzeln eingehen und die Antworten im Detail besprechen. Frage Nummer 1: Mit welcher der 3 folgenden (unter Punkt 2 a – c genannten) Herzerkrankungen ist das Sporttreiben am besten möglich? Herr N. gibt an, dass dies mit einer KHK am besten möglich ist. Jedoch fügt er hinzu, dass die KHK nicht stenosierend sein darf. Demnach darf laut Herr N. die KHK noch nicht zu weit fortgeschritten sein. Frau N. hingegen sagt, dass mit allen drei Herzerkrankungen das Sporttreiben möglich ist. Sie sagt, „Sport ist Mord war gestern!". Zu Frage Nummer 2 „Welchen Sport würden Sie einem Patienten mit Herzinsuffizienz empfehlen und warum?" zählt Herr N. das Spazierengehen, Wandern, Radfahren, Gymnastik und das Tanzen auf. Als Begründung erwähnt er, dass Patienten mit Herzinsuffizienz einen Sport ausüben sollten, der wenig Kraftaufwand erfordert. Eine aerobe Ausdauerbelastung (Sport, bei dem eine maximale Sauerstoffaufnahme gefordert ist) empfiehlt Frau N.. Diese sollte in einer normalen Intensität ausgeführt werden, wodurch zusätzlich die Sauerstoffaufnahme in das Blut gefördert wird. „Die Zeiten, als man herzinsuffitienten Patienten noch weitestgehende Schonung empfahl, ist längst vorbei", so Frau N.. Zusammengefasst empfiehlt auch Frau N. eine Sportart wie Joggen, Nordic – Walking, Fahrradfahren oder Wandern. Frage 3: „Welche Sportart würden Sie einem Patienten mit Zustand nach Herzinfarkt empfehlen und warum?" Herr N. würde einem Patienten mit Zustand nach Herzinfarkt einen Ausdauersport empfehlen. Er sagt, dass dies das Herz stärkt und trainiert, wodurch sich der Patient besser fühlen wird. Allerdings mahnt er, auf die richtige Intensität zu achten. Auch Frau N. empfiehlt eine Ausdaueraktivität. Diese sollte jedoch moderat angegangen werden. Schnelles Gehen, Radfahren, Walken, Joggen und Rudern sind Beispiele, welche sie aufführte. Der Vorteil einer aeroben Ausdauersportart ist, dass das Herz nicht so schnell an seine Belastungsgrenze gerät und dieses so geschont wird. „Welche Sportart würden Sie einem Patienten mit Zustand nach Koronarer – Herz – Krankheit empfehlen und warum?" Auch hier gibt Herr N. die Ausdauersportarten als die optimale Lösung an. Allerdings ist es hier wichtig darauf zu achten, dass man eine Sportart ohne Überlastungspotential wählt. Beispiele hierfür sind Joggen (ohne Schlusssprint), Radfahren (ohne Schlusssprint), Schwimmen (ohne Schlusssprint) und Wandern. Frau N. gibt hier an, dass sie einem Patienten mit einer KHK dieselben Sportarten wie einem Patienten mit Zustand nach Herzinfarkt empfehlen würde. Auch hier ist wieder wichtig, dass diese Ausdauersportarten aerobe Aktivitäten sind. In Frage 5 habe ich meine beiden Interviewpartner danach gefragt, ob es möglich ist, mit einer Herzinsuffizienz Hochleistungssport zu treiben. Herr N. gibt an, dass Sportarten mit einer hohen muskulären Belastung nicht zu empfehlen sind. Hierzu zählen unter anderem Krafttraining, Kniebeugen und Liegestütze. Er weißt somit darauf hin, dass bereits „geringe" Belastung (im Verhältnis zum Hochleistungssport) für den Patienten mit Herzinsuffizienz nicht ratsam ist. Auch Frau N. beantwortet diese Frage mit einem klaren „Nein!". Zudem führt sie auf, dass sich extremer Ausdauersport in der Regel auch bei herzgesunden Menschen kontraproduktiv auswirkt. Das Herz, so Frau N., ist schließlich „nur" ein Muskel und kein kompliziertes Organ, welches speziell für den Zweck gebildete Zellen hat und so exzessiver Sport die Architektur des Herzens hindert. Oft hört man: „Wenn man viel trainiert, wächst das Herz immer mehr und so kann es auch immer mehr leisten". Dem widerspricht Frau N. in dem sie sagt, dass das Herz zwar bis zu einer gewissen Grenze durch den Sport wächst, jedoch die Herzkranzgefäße nicht. Dadurch sind diese auf Dauer zu klein um das Herz ausreichend mit Sauerstoff zu versorgen. Es entsteht somit eine Sauerstoffunterversorgung des gesamten Herzes. Durch diese Sauerstoffunterversorgung kann eine ischämische Hypoxie entstehen. Diese Kennzeichnet sich dadurch, dass Gewebe oder Organe (hier das Herz) zu wenig durchblutet werden und so den Zellen zu wenig Sauerstoff zur Verfügung steht. Mögliche Ursachen einer ischämischen Hypoxie sind Thrombose, eine Embolie oder ein Herzinfarkt, welcher sich in diesem Zusammenhang als besonders wichtig darstellt. Frau N. führte zum Thema Hochleistungssport 2 Beispiele an. Einmal den Fußballprofi Piermario Morosini und Alexander Dale Oen (norwegischer Schwimmweltmeister). Am 14. April 2012 hat Morosini bei einem Fußballspiel der Serie A / Italien einen Kreislaufstillstand erlitten. Trotz Wiederbelebungsmaßnahmen starb Morosini später im Krankenhaus. Nach der Obduktion wurde ein genetisch bedingter Herzdefekt festgestellt. Zunächst wurde ein Herzinfarkt vermutet, welcher jedoch später ausgeschlossen werden konnte (Quelle: www.wikipedia.org, k.A., 21.08.2018). Alexander Dale Oen war ein erfolgreicher norwegischer Leistungsschwimmer. Er war der erste Norweger, welcher bei einer Weltmeisterschaft eine Medaille gewinnen konnte (Gold). 2011 konnte Oen seinen größten Erfolg in Shanghai verzeichnen. Zudem war er 2008 bei der Europameisterschaft in Eindhoven der erfolgreichste Brustschwimmer mit einer Gold Medaille und zwei Silber Medaille. Alexander Dale Oen starb am 30. April 2012 bei einem Höhentrainingslanger des Schwimmverbands aus Norwegen in Arizona. Oen starb an einem Herzinfarkt, welcher in Folge einer Koronaren – Herz – Krankheit aufgetreten ist. Diese zwei ziemlich deutlichen Beispiele zeigen, dass es gefährlich und sogar lebensbedrohlich ist, mit einer Herzerkrankung Leistungssport zutreiben (Quelle: www.wikipedia.org, k.A., 28. März 2017).

„Wie oft sollte ein Patient mit den oben genannten Herzkrankheiten in der Woche Sport treiben?". Herr N. verweist hier auf die Empfehlung der deutschen Herzstiftung. Diese gibt an, dass man dreimal die Woche, 30 Minuten Sport treiben sollte. Frau N. erwähnt, dass die Menge des Sports innerhalb einer Woche völlig individuell ist. Der eine Patient kann fünfmal die Woche für 45 Minuten Sport treiben und der andere Patient kann nur zweimal die Woche für 15 Minuten Sport treiben. Einflussfaktoren sind hier natürlich die Zeit, in Abhängigkeit von Arbeit, Hausarbeiten, sonstige Freizeit und vieles mehr aber insbesondere natürlich, wie die Herzkrankheit den Patienten beim Sport treiben eindämmt. Dem entsprechend muss jeder Patient für sich und zusammen mit dem Arzt individuell entscheiden, wieviel Sport in seinen Zeitplan passt und wieviel Sport für ihn und sein angeschlagenes Herz gut ist. Als allgemeine Empfehlung hat mir Frau N. erläutert, dass vier bis fünfmal in der Woche für mindestens 30 Minuten Sport getrieben werden sollte, um eine Wirkung zu erzielen. Die siebte und damit letzte Frage bezieht sich darauf, in wie weit Sport präventiv einer Herzerkrankung entgegenwirkt. Herr N. erklärt: „Durch Training wird das Herz gekräftigt. Zudem werden die Risikofaktoren (Hypertonie, Stress, Körpergewicht, Cholesterinspiegel, …) gesenkt. Frau N. verweist hingegen auf verschiedene Studien, welche aussagen, dass Sport die Sterblichkeit sowie die Krankenhausbesuche um circa 40% senkt. Auf meine Frage, wie dies funktioniert antwortete sie sinngemäß, dass eine bessere Durchblutung geschaffen wird, wodurch auch eine erhöhte Sauerstoffaufnahme gewährleistet wird. Zudem führt Sport zu einer Stimulation der Angiogenese, sprich zu einer Gefäßbildung beziehungsweise zu einem Wachstum der Blutgefäße. Ebenfalls wird der Fett – Stoffwechsel gefördert, wodurch eine gesteigerte Fettverbrennung angeregt wird. Außerdem verbessert sich die elektrische Stabilität des Herzens, was dazu beiträgt den sogenannten Sinusrythmus beizubehalten. Der Sinusrythmus lässt sich als eine Art Takt, bestehend aus elektrischer Spannung, ausgehend vom Taktgeber, dem Sinusknoten, beschreiben. Diese elektrische Spannung verläuft vom Sinusknoten über den AV – Knoten zum His – Bündel weiter zu den Tawara – Schenkeln bis zu den Purkinje – Fasern. Ebenfalls werden Neuro – hormonale Proteine beeinflusst. Dies bedeutet, dass beim Sporttreiben zum Beispiel das

Glückshormon Dopamin oder Serotonin ausgeschüttet wird. Das Sporttreiben wirkt so also auch neben der Stressverarbeitung auch positiv auf den Körper durch eine solche Ausschüttung. Durch Dopamin beispielsweise, kann der Blutdruck erhöht werden, was in einer Schocksituation äußerst von Nutzen ist. Allerdings ist die Anwendung von Dopamin in solchen Situationen Rückläufig, so Frau N., da Adrenalin oder Noradrenalin schneller und besser anschlagen. Zudem haben Adrenalin und Noradrenalin ein geringeres Nebenwirkungspotential.

5. Umfrage mit Betroffenen über ihr Sozialleben sowie das körperliche- und psychische Wohlbefinden

Neben dem Interview mit den beiden Kardiologen, habe ich die Möglichkeit über www.survio.com genutzt, um eine Onlineumfrage zu erstellen. Diese Umfrage habe ich dann über einen Link in eine Facebook – Gruppe für Herzkranke Menschen gestellt und um eine Teilnahme gebeten. Dieser Bitte kamen 43 Personen entgegen und haben meine 10 gestellten Fragen beantwortet. Auch in diesem Punkt möchte ich wie oben unter Punkt 4 so vorgehen, dass ich jede Frage einzeln bespreche und die Ergebnisse erläutere. Bei vielen Fragen habe ich Diagramme erstellt, welche ich dem Anhang für eine Visualisierung beifüge. Zuerst stellte ich mir die Frage, welche Krankheit die Befragten haben. Dazu habe ich die drei oben niedergeschriebenen Krankheiten zur Auswahl gestellt und eine Antwortbox, um weitere Herzkrankheiten beizufügen. 20,9% und somit 9 der Personen, welche den Fragebogen ausgefüllt haben, erlitten in der Vergangenheit einen Herzinfarkt. Unter einer Herzinsuffizienz leiden 44,2% (19 Personen) der befragten. Nur 2 Personen (4,7%) haben angegeben unter einer KHK zu leiden (cave: es war nur eine Antwort möglich). Mit 46,5% und somit 20 der Befragten, sind sie der größte Teil. Sie haben angegeben eine andere Krankheit als der drei besprochenen zuhaben. Dazu zählen zum Beispiel ein überlebter plötzlicher Herztod, Kammerflimmern, Tachykardie, Sick – Sinus Syndrom, Avast Block 3 oder Vorhofflimmer, um nur ein paar zu nennen. Neben der kurzen Krankheitsanamnese ist es natürlich auch wichtig zu wissen, in welchem Alter die Befragten sind. 7 Personen (16,3 %) sind 30 oder jünger und 8 Personen (18,6%) bewegen sich im Alter von 31 bis 40. In der Altersspanne 41 bis 50, und damit der größte Anteil, befinden sich derzeit 13 Personen (30,2%). Ebenfalls ein großer Teil der Befragten ist zwischen 51 und 60 Jahre alt. Hier sprechen wir von 12 Personen (27,9%). Nur 3 der Befragten (7%) befinden sich in dem Alter von 61-70 und keiner ist 71 Jahre alt oder älter. Diese Diskrepanz liegt an der Art der Umfrage. Viele ältere Menschen haben kein Internet beziehungsweise Facebook, wodurch eine Verschiebung in den jüngeren Bereich stattfindet. In einer korrekten quantitativen Umfrage würde die Verschiebung eher in Richtung des gehobenen Alters stattfinden. Das Durchschnittsalter bei dieser Umfrage beträgt 46 Jahre. Da nun die wichtigsten anamnetischen Punkte abgefragt wurden komme ich jetzt ins Detail, beginnend bei der dritten Frage, ob die Befragten Sporttreiben. Mehr als die Hälfte und zwar 51,2% (22) der Befragten haben diese Frage mit „Ja" beantwortet. 25,6% und somit 11 Personen treiben zwar Sport in ihrer Freizeit, diesen aber nur selten (1 – 3-mal im Monat). 10 der Befragten (23,3%) treiben in ihrer Freizeit gar kein Sport. Nun ist es interessant zu erfahren, welchen Sport die Befragten ausüben. Hierzu habe ich im Rahmen der Befragung unter Frage 4 Antworten gesammelt. Es fällt auf, dass besonders häufig das Fahrradfahren als Sportart fällt. Neben dem Radfahren wird auch das Joggen, Schwimmen gehen, Fitnessstudio, Reiten, Herzsport, Wassergymnastik und das Nordic – Walking genannt. Ebenfalls wurden das Schlagzeugspielen und die Gartenarbeit genannt. Auch wenn dies nicht direkt als Sport gilt, muss der Körper und besonders das Herz dennoch eine immense Belastung ertragen, um dies auszuführen. Nach dieser Aufzählung stellt sich die Frage, wie oft die Befragten in der Woche / im Monat Sport treiben. 55,8% und somit 24 Personen treiben zweimal oder öfter in der Woche Sport. Mindestens 3x innerhalb von 14 Tagen treiben 16,3% und somit 7 der Befragten Sport. Eine weitere Antwortmöglichkeit lag bei: „weniger als 6x im Monat", somit etwa 1,25x die Woche, sprich 2,5x in 14 Tagen. Diese Antwort haben 12 Befragte (27,9%) der Befragten gewählt. Neben dem Sport in der Freizeit stellt das Treppensteigen ebenfalls oft eine Hürde für Betroffene Menschen dar, welche teils nur schwer zu überwältigen ist. In Frage 6 geht es um das Thema, ob die Befragten mit dem Treppensteigen eher gut oder schlecht zurechtkommen. Die meiste der 43 Befragten gibt an, dass sie Treppen steigen können aber dies manchmal anstrengend ist. Diese Antwort haben 28 Personen (65,1%) gewählt. „Das klappt super!" sagen 9 der Befragten (20,9%). Jeweils 7 Prozentpunkte (3 Personen) erhalten die Antworten, dass es mehr schlecht als recht funktioniert und ebenfalls, dass die Betroffenen aus gegeben Anlass versuchen der Belastung des Treppensteigens aus dem Weg zu gehen. Wie sieht es denn nun in dem Privatleben der Befragten aus? Sind die Befragten dazu gezwungen Treppen zu steigen, um zu ihrer Wohnung (o.ä.) zu gelangen? Bei der Mehrheit (58,1%) der 43 Personen und somit 25 der Befragten ist genau dies der Fall. Sie haben keine Möglichkeit dem Treppensteigen aus dem Weg zugehen und über andere Wege zu ihrer Wohnung zu gelangen. Der Rest (18 Personen – 41,9%) sind nicht auf Treppen angewiesen oder haben auf dem Weg zu ihrer Wohnung überhaupt keinen Treppenaufstieg nötig. Die Frage nach der eventuell bestehenden Kurzatmigkeit nach dem Treppensteigen, stellt hier einen sinnvollen Zusammenhang dar. 22 Personen und somit 51,2% der Befragten haben lediglich manchmal Kurzatmigkeit nach dem Treppensteigen. Im Gegensatz dazu leiden 12 Personen (27,9%) immer an Kurzatmigkeit nachdem die Treppen gestiegen sind. Lediglich 9 der Befragten (20,9%) geben an, keine Kurzatmigkeit nach dem Treppensteigen ertragen zu müssen. Nach der Sicht auf die körperliche Komponente, werfe ich nun den Blick auf die Psyche der Betroffenen. Im Bereich dieser Frage, habe ich ein Punktesystem aufgestellt, beidem der Befragte eine Zahl zwischen 1 und 10 auswählen konnte. 1 Punkt bedeutet, dass der Betroffene sich unselbständig und wertlos fühlt – 10 Punkte bedeutet, dass der Betroffene keinerlei Einschränkungen durch seine Krankheit erfährt. Hier beträgt der Durchschnitt der 43 Befragte, 6,9 Punkte. Eine Person hat für sich ausgewählt, dass sie sich unselbstständig und wertlos fühlt (1 Punkt) und hingegen 7 Personen sich als völlig uneingeschränkt sehen. 5 Personen geben sich 9 Punkte und 6 Personen 8 Punkte, was auch für eine hohe Lebensqualität spricht. Am meisten (8x) wurde der Wert der 7 Punkte vergeben. Nur 3 bis 4 Punkte haben sich 11,7% der Befragten zugeteilt, was für eine ziemliche Beeinträchtigung im sozialen Leben spricht. Als letztes stellte ich die Frage, ob die Betroffenen Medikamente nehmen, um in ihrem Alltag besser klarzukommen und fragte, welche dies sind. 11 der 43 Befragten gaben an, keine Medikamente zu nehmen. Die weiteren Antworten sind gemischt. Von Bisoprolol über ASS 100 und Metoprolol bis zu Ramipril und Eliquis ist alles vertreten. Eine deutliche überhand nehmen die Betablocker an.

6. Diskussion der Fragestellung / Fazit

In wieweit ist es nun möglich, Sport und Leistungssport mit einer Herzkrankheit zu betreiben? Im Verlauf der Auswertung für diese Arbeit wurde klar, dass es sehr gut möglich ist, Sport mit einer Herzerkrankung zu treiben. Dabei spielt es keine Rolle ob jemand an einer Herzinsuffizienz, einem Herzinfarkt oder einer Koronaren – Herz – Krankheit leidet. Wichtig ist, dass die Intensität des Trainings berücksichtigt wird. Zudem muss der Patient die für sich richtige Sportart auswählen. Hier ist die Sicht auf die Individualität des Einzelnen zu richten. Für den Einen ist Joggen super zu bewerkstelligen und für den Nächsten ist Joggen gar nichts. Ebenfalls muss auf die Interessen des Individuums geachtet werden. Dabei spielen verschiedene Faktoren eine Rolle. Zeit, Möglichkeit und auch Interesse an der Sportart. Wenn ein Mensch keine Zeit hat, um Joggen zu gehen, sollte er das Training ggf. auf zu Hause verschieben, wodurch er es jeder Zeit abbrechen kann und so nicht so stark zeitlich gebunden ist. Die Möglichkeit ist auch sehr wichtig. Ist es dem Klienten möglich diesen Sport zu treiben? Hat er beispielsweise die Möglichkeit ein Schwimmbad zu erreichen? Oder hat er die Möglichkeit Radfahren zu gehen, weil er ein Fahrrad besitzt? An oberster Stelle sollten jedoch die Interessen des Betroffenen stehen. Es nützt nichts einen Sport zu betreiben an dem der Betroffene keinen Spaß hat. Es wird so nämlich als Last empfunden und versucht ggf. Stress, welcher nun täglich zu bewältigen ist. Dieser Stress kann sich wieder kontraproduktiv auf das Herz beziehungsweise auf die Krankheit auswirken. Zudem fällt auf, dass die sportliche Tätigkeit bei allen drei Erkrankungen relativ identisch zu sein scheint. Es muss lediglich darauf geachtet werden, dass ein Sport getrieben wird, welcher kein zu hohes Überlastungspotential besitzt und dieser nicht in einer zu hohen Intensität ausgeführt wird. Das völlige Gegenteil liegt im Bereich des Leistungssportes vor. Hiervon wird strengstens abgeraten. Die zwei Beispiele über Piermario Morosini und Alexander Dale Oen sind wohl die zwei besten und zugleich traurigsten Beispiele, die man hätte aufführen können. Allerdings zeigt auch das Beispiel über Daniel Engelbrecht, dass auch Leistungssport mit einer Herzerkrankung möglich ist. Dies erfordert jedoch eine gute ärztliche Begleitung, viel Training und sehr viel Wille. Im Bereich der von mir durchgeführten Analyse wird deutlich, dass es definitiv nicht die Regel ist, als „normaler" Mensch Leistungssport zu betreiben. Viele Antworten in Bezug auf die Auswahl der Sportart gleichen sich mit den Empfehlungen der Kardiologen des MHK. Auch weisen die Antworten der Betroffenen parallelen in der Frage, um die Häufigkeit des Sporttreibens auf. Alles in allem kann man trotz einer Herzkrankheit somit ruhigen Gewissens Sport treiben, wenn man die richtige Sportart auswählt (Interesse, Möglichkeit, Überlastungspotential), die richtige Intensität wählt, das Sporttreiben in angemessener Häufigkeit durchführt und dazu noch eine gute Selbsteinschätzung hat. Ebenfalls sollte ein Arzt sein „OK" zu dem Sport geben, um kein Risiko einzugehen. Besonders wichtig ist der Kontakt zu einem Arzt, wenn ein Patient neu oder seit langem wieder mit dem Sport anfängt. Das Herz des Patienten ist geschwächt durch die Krankheit und wird jetzt noch einer sportlichen Belastung ausgesetzt, was zu schweren Komplikationen führen kann. Ganz besonders wichtig ist es: „Das man selbst weiß, wann es reicht" (Zitat: Frau N.). Man sollte somit in jeder Lebenslage wie Sport, Arbeit, Treppen steigen, spazieren und vieles mehr, immer ein Auge auf seinen körperlichen Zustand legen und wissen, wann der Körper einem sagen möchte, dass es reicht.

7. Literaturverzeichnis

- Prof. Dr. med. Becker, Hans-Jürgen, k.D., https://www.herzstiftung.de/herzinsuffizienz.html (Letzte Einsicht: 09.01.2019)
- Dr. med. Berrisch-Rahmel, Susanne, 07.04.2016, https://www.herzbewusst.de/services/expertenrat/forum/schwimmen-nach-infarkt (Letzte Einsicht: 15.01.2019)
- Prof. Dr. med. Delius, Wolfram, 13.1.2016, https://www.apotheken-umschau.de/Herzinfarkt (Letzte Einsicht: 11.01.2019)
- Prof. Dr. med. Hamm, Christian, k.D., https://www.herzstiftung.de/KHK.html (Letzte Einsicht: 12.01.2019)
- Jeske, Christine, 71 Jahrgang Nr. 87, SWT WUES − Seite 8, 16.04.2015 http://knhi.de/wp-content/uploads/2015/04/MP_Spitzensport-trotz-Herzschw%C3%A4che1.pdf (Letzte Einsicht: 17.01.2019)
- Pernsteiner, Johannes, 21.05.2012) https://www.wissen-gesundheit.de/Aktuelles/News/10592--Nordic-Walking-staerkt-das-Herz (Letzte Einsicht: 17.01.2019
- Dr. med. Sonntag, Frank, k.D., https://www.herzstiftung.de/Sport-KHK.html (Letzte Einsicht: 15.01.2019)
- Dr. med. Sonntag, Frank, k.D., https://www.herzstiftung.de/Sport-KHK.html (Letzte Einsicht: 15.01.2019)
- https://www.gesundheit.de/wissen/haetten-sie-es-gewusst/wahrheiten-und-irrtuemer/sport-ist-mord-stimmt-das, k.A, 25.04.2012 (Letzte Einsicht: 05.01.2019)
- https://de.wikipedia.org/wiki/Piermario_Morosini, k.A., 21.08.2018 (letzte Einsicht: 19.01.2019)
- https://de.wikipedia.org/wiki/Alexander_Dale_Oen, k.A. 28.03.2017 (letzte Einsicht: 10.02.2019)
- Bild: https://www.t-online.de/gesundheit/krankheiten-symptome/id_65321640/koronare-herzkrankheit-schlummert-oft-jahrzehnte-vor-sich-hin.html

•

8. Anhang

a. Umfrage mit Betroffenen über ihr Sozialleben sowie das körperliche- und psychische Wohlbefinden (in optischer Form)

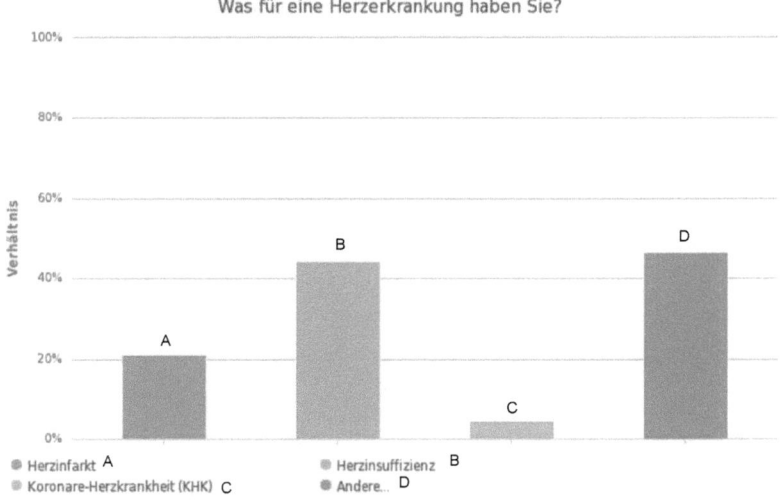

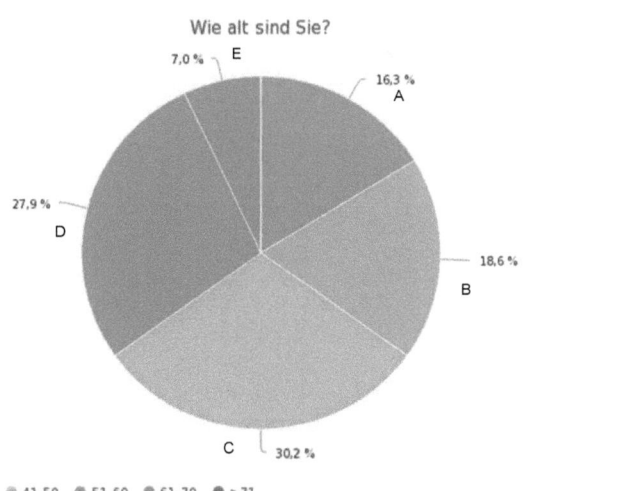

Treiben sie aktiv Sport? (Schwimmen, Joggen, Walken, Fußball, usw.)

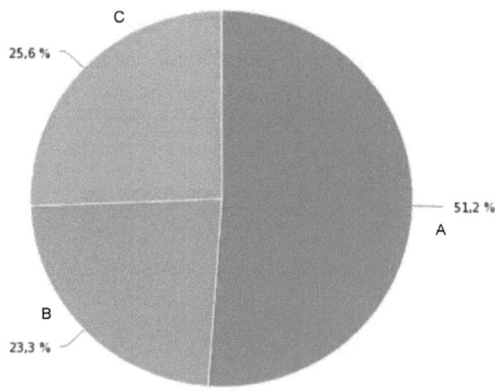

C
25,6 %

51,2 %
A

B
23,3 %

● Ja! ● Nein! ● Nur selten (1-3x im Monat)
A   B   C

Wie oft treiben Sie Sport?

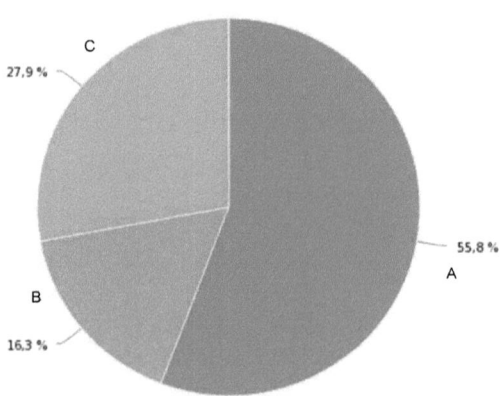

C
27,9 %

55,8 %
A

B

16,3 %

● Jede Woche (min. 2x die Woche)   ● Alle 2 Wochen (min. 3x in 14 Tagen)   ● Weniger als 6x im Monat
A   B   C

Wie können Sie Treppen steigen?

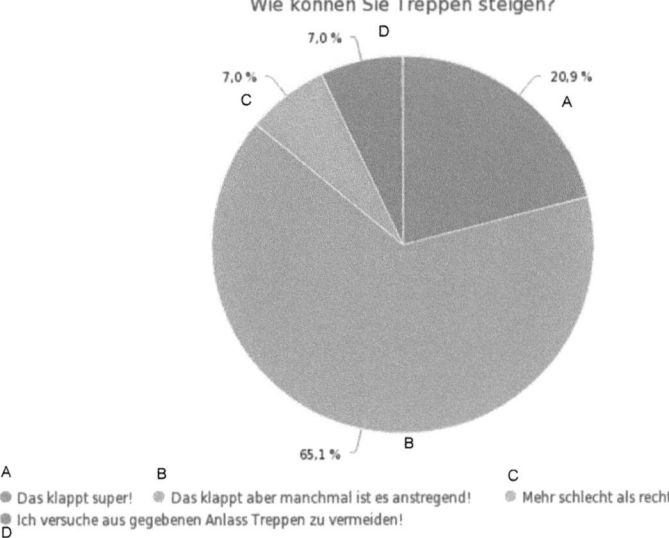

A	B	C
● Das klappt super!	● Das klappt aber manchmal ist es anstregend!	● Mehr schlecht als recht!
● Ich versuche aus gegebenen Anlass Treppen zu vermeiden!		
D		

Sind Sie gezwungen Treppen zu steigen um zu Ihrer Wohung zu gelangen?

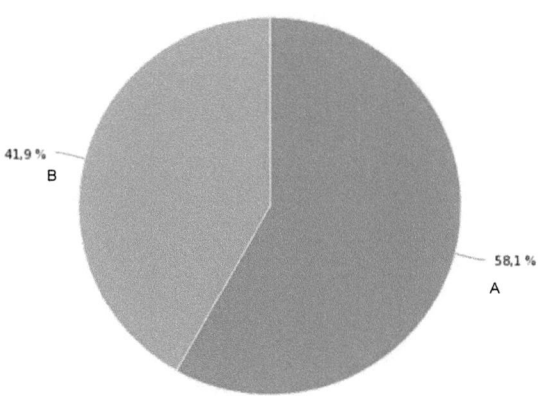

● Ja! ● Nein!
A   B

Leiden Sie z.B. nach dem Treppen steigen an Kurzatmigkeit?

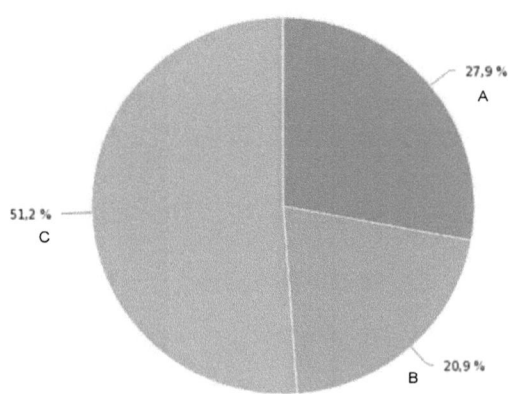

27,9 %
A

51,2 %
C

20,9 %
B

● Ja! ● Nein! ● Manchmal
A   B   C

Wie fühlen Sie sich mit dieser Erkrankung?

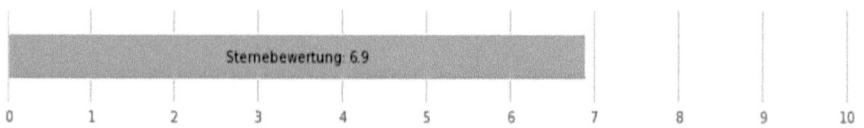

Sternebewertung: 6.9

0   1   2   3   4   5   6   7   8   9   10